AF349626

NOTICE NÉCROLOGIQUE

SUR

M. L'ABBÉ GAUTHÉ

CURÉ DE SAINT-ANDRÉ-EN-MORVAND.

NEVERS,

IMPRIMERIE FAY, G. VALLIÈRE, SUCCESSEUR,

Rue du Rempart et place de la Halle.

—

1886

NOTICE NÉCROLOGIQUE

SUR

M. L'ABBÉ GAUTHÉ

CURÉ DE SAINT-ANDRÉ-EN-MORVAND.

La population de Saint-André-en-Morvand rendait les derniers devoirs, le lundi 28 décembre, à son vénéré pasteur, M. Barthélemy Gauthé, qui s'est endormi doucement et sans agonie, dans la paix de Dieu, au soir de la fête de Noël.

Si l'on n'eût consulté que la modestie de ce bon prêtre, sa vie édifiante, sa sainte mort, le deuil de ses paroissiens et les regrets sincères de tous ceux qui l'ont connu, tout cela resterait enseveli dans le silence ; mais les souvenirs qui s'attachent à sa mémoire sont si touchants ! il semble utile de faire passer un véritable intérêt d'édification avant toutes les exigences d'une humilité qui ne peut plus être blessée. L'oubli de la tombe ne doit pas dérober à la louange publique de telles existences sacerdotales, aussi nobles et belles que simples et cachées en Dieu.

Né à Mhère le 14 septembre 1820, au sein d'une famille de culti-vateurs honnêtes et chrétiens, Barthélemy Gauthé eut le bonheur de respirer l'atmosphère de la foi, dès ses premières années, au foyer paternel et à l'ombre du presbytère. La Providence lui avait donné une pieuse mère qui, condamnée jeune encore au veuvage, mit toute son affection et toutes ses espérances dans ce fils qui lui restait seul de cinq enfants. Le zèle et le dévouement affectueux de son curé, M. l'abbé Louvrier, devaient, en le distinguant parmi les enfants de son âge, lui assurer le bienfait d'une éducation profondément religieuse. C'est bien là, près du clocher natal, qu'on puise ces principes de foi solide et de piété qui assurent les meilleures vocations, et inspirent ensuite toute une vie d'apostolat.

Au petit et au grand séminaire, M. Gauthé fit admirer la douceur parfaite et l'exquise bonté de son caractère. On connut dès-lors cette nature absolument droite, simple et portée vers Dieu : *Vir simplex rectus, ac timens Deum* (1).

Ordonné prêtre en 1847 par Mgr Dufêtre, M. Gauthé fut envoyé comme vicaire à son ancien pasteur, devenu curé d'Ouroux, et passa six années à l'école de ce prêtre qui avait exercé déjà tant d'influence sur sa préparation au sacerdoce ; puis, il fut chargé de la paroisse de Gien-sur-Cure. Là, comme à Ouroux, sa piété, son zèle, sa charité inépuisable le firent aimer et estimer de tout le monde. Il pratiquait, comme il le fit jusqu'au dernier soupir, dans sa simplicité, son austérité si méritante, cette vie du curé de campagne qui ne connaît que son bréviaire, son église, les saints offices, le pied du tabernacle, la maison du pauvre et le chevet des malades, cette vie toute faite d'abnégation, de dévouement, que l'estime publique, malgré tant d'excitations mauvaises, entoure encore d'une auréole.

Tel vécut ce digne prêtre à Saint-André-en-Morvand durant les vingt-trois années de ministère au milieu des paroissiens qui pleurent aujourd'hui sa mort. Et si l'on veut savoir pourquoi tant de larmes ont coulé à ses funérailles, pourquoi cet homme de Dieu a conservé jusqu'à la fin l'affection unanime de son peuple, en dépit des germes de division semés, comme à plaisir, au sein de nos populations les plus paisibles, c'est qu'il possédait éminemment cette qualité qui attire et gagne les cœurs, cette vertu convertissante et si sacerdotale qui s'appelle la *bonté*.

---

(1) Job, 1, 1.

C'était le trait saillant de son caractère. Il dut à cette vertu, si nécessaire dans un ministère où l'on ne s'appuie que sur la force morale, la popularité de bon aloi dont il jouissait. On l'appelait *le bon curé de Saint-André.* « Quel curé nous venons de perdre et quel malheur, disait-on, pour la paroisse, de perdre un si bon prêtre ! » Ce cri volait de bouche en bouche à la nouvelle de cette mort malheureusement prévue, mais toujours redoutée ; et l'on entendait raconter les traits les plus touchants de cette bonté qui ne s'est jamais démentie. Son dernier acte, du reste, a été de donner, comme le Bon Pasteur, sa vie pour ses brebis: car il est mort presque debout, sur la brèche. Les paroissiens de Saint-André voyaient bien que sa santé, compromise depuis longtemps, s'altérait de plus en plus ; ils s'en préoccupaient avec juste raison ; lui seul ne s'apercevait pas ou ne voulait pas s'apercevoir de son état alarmant. Afin de rassurer la population inquiète, il disait qu'on le faisait plus malade qu'il n'était. « D'ailleurs, ajoutait-il, je suis et je dois être, comme le soldat, disposé à combattre jusqu'à la fin ; le testament de mon âme est fait. » Paroles admirables, qui étaient bien l'expression des sentiments de son cœur et l'écho de toute sa vie.

Le mercredi, avant-veille de sa mort, M. Gauthé célébrait la sainte messe pour la dernière fois. Un ordre absolu du médecin le força à s'arrêter: il se promettait pourtant encore de célébrer ces beaux offices de Noël qu'il avait annoncés au prône du dimanche précédent. Quel dur sacrifice ce fut pour lui d'abandonner le confessional à la veille de cette solennité ! C'est dans l'exercice même de ses saintes fonctions qu'il fût tombé, si l'obéissance, plus forte que la maladie, n'avait enchaîné son zèle.

La mort d'un curé fait toujours une grande impression dans une paroisse. Toutefois, quand la perte est plus irréparable, et, à cause des vertus exceptionnelles du pasteur, plus profondément sentie, on a, comme aux siècles de foi, le spectacle à la fois triste et touchant d'une grande famille en larmes, ou plutôt d'un véritable deuil public. Ceux qui ont vu de près la population de Saint-André pendant les journées qui ont suivi la fête de Noël, ont été les témoins émus de ce spectacle. Le pasteur tant regretté avait été revêtu, selon l'usage, de ses ornements sacerdotaux, et, exposé dans sa chambre, transformée en chapelle ardente ; les paroissiens n'ont cessé de venir contempler les traits vénérés de leur bien-aimé père : la mort avait respecté sa physionomie empreinte de tant de douceur. Chacun voulait voir une dernière fois le bon curé : la séparation définitive paraissait si cruelle ! Que de larmes ont été versées dans cette chambre, et combien de prières ferventes sont montées vers Dieu !

Le jour des funérailles, la paroisse de Saint-André était là tout entière représentée. Les paroisses voisines avaient envoyé des députations nombreuses auxquelles étaient venues se joindre des personnes notables de la contrée. M. le maire de Saint-André, et le conseil municipal, jaloux de rendre, les premiers, hommage à la mémoire de M. Gauthé, marchaient en tête du cortége. Nous savons d'ailleurs qu'au presbytère même le maire avait déjà donné des preuves non équivoques d'une amitié sincère et profonde.

La cérémonie a été présidée par M. l'abbé Pesle, doyen de Lormes : il était assisté de tous les curés du canton ; d'autres prêtres, parmi lesquels nous avons remarqué M. Lantier, doyen de Tannay et ancien curé de Marigny-l'Eglise, et M. le curé de Chastellux, voisin dévoué et digne ami de M. Gauthé, étaient accourus de loin pour attester que le vénéré défunt avait conquis avec l'estime et l'affection des fidèles, ce qui n'est pas moins précieux, l'estime et l'affection de ses confrères. M. l'abbé Perrasse, ancien curé de la paroisse, averti trop tard, a fait depuis parvenir le regret de n'avoir pu se joindre à ses frères dans le sacerdoce.

A dix heures et demie, on faisait la levée du corps : les cordons du poêle étaient portés par MM. le comte Louis de Chastellux, Chartron, ancien conseiller d'arrondissement, Rappeneau, maire de Saint-André, et Guillemin, président de la fabrique. Bientôt, une longue procession se déroulait dans la partie principale du bourg, et les chemins tant de fois parcourus pour le service des malades et des pauvres voyaient passer, à travers le village, le pasteur modèle qui semblait, porté lentement du presbytère à l'église, quitter à regret la paroisse qu'il avait tant aimée.

L'église, tendue de noir, avait été ornée avec goût ; mais elle était beaucoup trop petite pour contenir la nombreuse assistance.

Après la messe, chantée avec diacre et sous-diacre, M. le doyen de Lormes monta en chaire, et se fit l'écho de la douleur commune, en parlant du « bon curé de Saint-André ». Nous serions heureux de publier en entier cette allocution touchante, qui répondait si bien aux sentiments de tous les cœurs. Puisque cela n'est pas en notre pouvoir, disons seulement que M. le Doyen s'est attaché surtout à rappeler la vertu par excellence du vénéré défunt, ce qui fut comme la dominante de toute sa vie : sa *bonté*.

« Il était bon pour Dieu, à la gloire duquel il n'a cessé de travailler avec tant de courage jusqu'au dernier soupir.

» Et quelles preuves édifiantes on pourrait apporter de son zèle pour la maison de Dieu, si on n'avait ces preuves sous les yeux!

» Il était bon pour ses paroissiens, car il s'est dévoué corps et âme à leur salut. Il était bon spécialement pour les pauvres; auxquels sa main charitable était toujours ouverte comme sa demeure; bon pour les malades, qu'il visitait sans compter avec les fatigues ou la santé ; bon pour les enfants, qu'il regardait avec raison comme la portion choisie du troupeau, digne plus que jamais de tendresse et de sollicitude.

» Il était bon pour ses confrères, doux, charitable et hospitalier, de cette hospitalité simple mais fraternelle et religieuse pleine de cordialité surtout, qui gagne les sympathies et fait le charme des réunions de famille. Aussi récemment encore, à l'occasion de la dernière fête patronale, ses confrères s'étaient-ils empressés de répondre à son invitation, et de lui donner un témoignage de leur amitié dévouée. Mais, hélas ! ce jour-là combien avaient pressenti la fin prochaine !

» Enfin, il était bon pour lui-même, en ce sens qu'il ne perdait point de vue son propre salut. La piété de toute sa vie, sa dernière retraite si édifiante à la Pierre-qui-Vire, son grand esprit de foi à l'heure suprême, tout trahissait en lui le plus saint prêtre.

» Comment craindre qu'un pasteur si bon ici-bas n'ait pas été reçu avec miséricorde au ciel par le Dieu de toute bonté ?

» Sans doute, il faut prier pour lui, — c'est un devoir de piété filiale qui s'impose à tous les paroissiens ; — mais quelle confiance dans ces prières ! On sent bien que la paroisse de Saint-André compte un protecteur de plus là-haut. »

Ce discours, religieusement écouté, augmentait encore l'amertume des regrets. Les larmes coulaient de tous les yeux ; et, c'est au milieu d'une tristesse indéfinisable, dans le silence morne de la douleur que s'est achevée la cérémonie funèbre. Toute la foule accompagna jusqu'à la tombe la dépouille vénérée du digne prêtre et voulut s'unir à la dernière prière et au dernier adieu.

Il est facile de comprendre vos larmes et vos regrets, bons habitants de Saint-André ; vous pleurez avec raison un curé qui méritait toute votre vénération et tout votre attachement. Mais ce qui doit vous consoler, c'est qu'il repose encore au milieu de vous, à cette place qu'il avait choisie lui-même, à l'ombre de votre église et non loin de vos demeures. Et il vous laisse avec sa dépouille mortelle le souvenir ineffaçable de son dévouement et de ses vertus. Oui, cet héritage vous appartient, et vous pourrez, pour vous et pour vos enfants, demander à sa tombe les enseignements que ses lèvres et son cœur ne vous donneront plus ; car il est du nombre de ces justes dont on peut dire, avec l'Esprit-Saint, que, même après la mort, ils parlent toujours, en récompense de leur foi : *Defunctus adhuc loquitur* (1).

---

(1) Hebr., xi, 4.